AF359848

L'ARSENAL DU PIRÉE

ÉTUDES
SUR L'ARCHITECTURE GRECQUE

PAR

Auguste CHOISY

INGÉNIEUR EN CHEF DES PONTS ET CHAUSSÉES

1ʳᵉ ÉTUDE

L'ARSENAL DU PIRÉE

D'APRÈS LE DEVIS ORIGINAL DES TRAVAUX

PARIS

LIBRAIRIE DE LA SOCIÉTÉ ANONYME DE PUBLICATIONS PÉRIODIQUES

MDCCCLXXXIII

L'ARSENAL DU PIRÉE

La période peut-être la moins connue de l'architecture grecque est celle qui s'étend du siècle de Périclès au siècle d'Alexandre : peu de grands édifices furent élevés pendant cet intervalle[1] ; et c'est à peine si quelques ruines, telles que celles de Palatitza, nous font entrevoir les méthodes de l'architecture à l'époque de Démosthènes. Aujourd'hui il est permis de compter parmi les monuments de cette date un exemple nouveau, l'arsenal de Philon, au Pirée. C'est un édifice qu'on pouvait croire à jamais perdu : Sylla l'avait incendié[2]. Une description vient de nous le rendre, et cette description ne laisse dans le vague aucune des dispositions essentielles de l'œuvre. Non seulement on a le plan général, mais l'appareil et la dimension des pierres, la forme, l'agencement, la grosseur des bois de la charpente, on possède jusqu'aux détails des aménagements intérieurs et du mobilier ; et (ce qui importe beaucoup plus que ces menus faits) on peut, grâce aux cotes authentiques de toutes les parties, rétablir avec une certitude entière la loi harmonique, le canon des proportions qui guida l'architecte ; redessiner, sous sa dictée et par les méthodes mêmes qu'il a suivies, le plan original de son œuvre.

[1] Bœckh, *Die Staatshaushaltung der Athener*, t. I, p. 290. — Cf. Ottfr. Müller, *Archæol.*, 105 ; Heuzey et Daumet, *Mission archéol. de Macédoine*, p. 221.

[2] Plut., *Sylla*, VI.

Un autre genre d'intérêt s'attache à ce monument, c'est qu'il appartient à la catégorie des édifices civils, dont les exemples sont si rares. C'était même, parmi les édifices civils de l'ancienne Grèce, l'un des plus célèbres : Plutarque en parle comme d'un ouvrage admiré[1]; Strabon le cite comme l'un des plus remarquables du Pirée ; et Philon, son architecte, lui avait consacré un traité qui faisait autorité à l'époque de Vitruve.

La description, gravée sur une dalle de marbre, n'est autre chose qu'un programme des travaux, dressé pour servir de base aux marchés à passer avec les entrepreneurs : c'est ce que nous appellerions un devis descriptif, devis qui fut exposé au public à la manière des affiches de nos adjudications.

La date du projet nous est connue ainsi que la durée de l'exécution : M. Foucart a prouvé[2] que les travaux, commencés l'an 346 avant notre ère, se prolongèrent, avec des alternatives d'interruptions et de reprises, jusqu'en 328. Les noms de Démosthènes et de l'orateur Lycurgue sont liés à l'histoire de la fondation de l'arsenal et de son achèvement. On sait que, sur l'avis de Démosthènes, les fonds destinés à l'entreprise furent momentanément consacrés à la guerre contre Philippe ; et, par une singulière rencontre, les Inventaires de la marine athénienne viennent compléter toutes ces indications en nous donnant un relevé des approvisionnements du chantier.

La première édition du *Devis* est due à M. A. Meletopoulos, qui l'accompagna d'une reproduction photographique du marbre[3]; bientôt

---

[1] Plut., *Sylla*, VI : Strab., IX (Ed. Casaub, p. 395): Vitr., VII, praef.

[2] *Bulletin de Corresp. hellénique*, juillet 1882. Les principaux textes sur lesquels M. Foucart appuie ses conclusions, sont les suivants :
C. I. A., II, 270 ; Philochoros, *Fragm. hist. gr.*, éd. Didot, p. 406 ; C. I. A., II, 240.

[3] Ἀνέκδοτος ἐπιγραφή. Ἡ σκευοθήκη τοῦ Φίλωνος. Athènes, 1882 (in-4°). Cf. Ἀθήναιον, 1882 p. 557.

après, M. Foucart inséra au *Bulletin de l'École française d'Athènes*[1], un commentaire qui fixe les repères chronologiques, et précise les dispositions d'ensemble. M. Th.-W. Ludlow publia dans l'*American Journal of philology*[2], une traduction qui éclaircit sur plusieurs points l'obscurité des termes; et enfin, dans un article de l'*Hermès*[3], M. P. Fabricius discuta le sens technique du texte, en s'attachant à préciser ses interprétations par des dessins. — C'est en m'aidant de ces excellents travaux, et surtout en recourant à l'obligeance infinie de M. Egger, que j'ai pu reconstituer le projet d'exécution du monument. Je me propose ici de développer cette restitution graphique. Mais avant tout il importe de préciser, par une traduction aussi fidèle que possible, le sens littéral du devis.

[1] *L'Arsenal de Philon*, contrat pour la construction de la sceuothèque à Zéa : *Bulletin de corresp. hellénique*, juillet 1882.

[2] *American Journal of philology*, vol. III, n° II.

[3] *Hermes, Zeitschrift für classische Philologie*, 1882, p. 541 et suiv.

—

PREMIÈRE PARTIE

LE DEVIS DE L'ARSENAL[1]

1   Les dieux.

Conventions pour l'arsenal de pierre [destiné] aux agrès [de la marine[2] : arsenal] d'Euthydomos, fils de Démétrius de Milet, et de Philon, fils d'Exekestès d'Eleusis.

Bâtir l'arsenal aux agrès à Zéa.

5   On commencera [à bâtir] à partir du propylée de l'agora.

Pour qui s'avance vers [ce propylée] en partant de l'arrière des cales qui ont un toit commun, la longueur [sera] de quatre plèthres, la largeur de cinquante cinq pieds avec les murs.

[Θ]εο[ί].

Σ]υνγραφαὶ τῆς σκευοθήκης τῆς λιθίνης τοῖς κρεμαστοῖς σκεύεσιν

Εὐθυδόμου Δημητρίου Μελιτέως, Φίλωνος Ἐξηκεστίδου Ἐλευσινίου.

Σκευοθήκην οἰκοδομῆσαι τοῖς κρεμαστοῖς σκεύεσιν ἐν Ζείαι. Ἀρξά-

5 μενον ἀπὸ τοῦ προπυλαίου τοῦ ἐξ ἀγορᾶς. Προσιόντι ἐκ τοῦ ὄπισθεν τῶν ν-

εωσοίκων τῶν ὁμοτεγῶν, μῆκος τεττάρων πλέθρων, πλάτος πεντήκοντα π-

---

[1] Dans ce devis, les dimensions sont exprimées en pieds, palmes et doigts.

Le pied grec est d'environ $0^m,308$.

On sait d'ailleurs que le palme est le quart du pied, et le doigt le quart du palme : en d'autres termes, les dimensions sont données en pieds, quarts et seizièmes de pied.

[2] Littéralement : « Pour les objets qui se suspendent [aux navires]. » On en trouvera la nomenclature au chap. VI du mém. de M. Cartaud sur *la Trière athénienne*. — Quant

Ayant creusé l'emplacement sur une épaisseur de trois pieds à partir du point le plus haut et ayant régularisé le surplus ; sur l'aire on posera les assises d'un massif et on les élèvera [les arasant] en tête à hauteur uniforme : le tout dressé au niveau.

10   On prolongera les assises [du massif] jusque sous les piliers, en réservant à partir de chaque mur un espace [qui est] de quinze pieds y compris l'épaisseur du pilier[1].

Nombre des piliers de chaque file : trente-cinq, les deux files laissant entre elles au milieu de l'arsenal un passage public.

Dans l'intervalle entre les [deux files de] piliers, [intervalle qui sera de] vingt pieds, on élèvera le massif [jusqu'à] la hauteur de quatre pieds, posant les pierres alternativement en manière de clayonnage[2] et dans le sens de la longueur.

15   On construira les murs de l'arsenal ainsi que les piliers en pierre d'Acté, donnant aux murs un socle (A). Largeur des pierres [de ce socle] : trois pieds ; épaisseur, trois demi-pieds : longueur, quatre

οδῶν καὶ πέντε σὺν τοῖς τοίχοις. Κατατεμὼν τοῦ χωρίου βάθος ἀπὸ το-
ῦ μετεωροτάτου τρεῖς πόδας, τὸ ἄλλο ἀνακαθαράμενος, ἐπὶ τὸ στέριφ-
ον στρωματιεῖ καὶ ἀναλήψεται ἴσον κατὰ κεφαλήν · ἅπαν ὀρθὸν πρὸς τ-
10 ὸν διαβήτην. Στρωματιεῖ δὲ καὶ τοῖς κίοσιν ἀπολείπων ἀπὸ τοῦ τοίχου ἑκατέρου πέντε κ[αὶ δέκα] πόδας σὺν τῶι πάχει τοῦ κίονος. Ἀριθμὸς
τῶν κιόνων ἑκατέρου τοῦ στοίχου πέντε καὶ τριάκοντα, διαλείπων ὁ-
[δ]ὸν τῶι δήμωι διὰ μέσ[η]ς τῆς σκευοθήκης. Πλάτος τὸ μεταξὺ τῶν κιόνων εἴκοσι ποδῶν, πάχος ἐπιθήσει τὸ στρῶμα τετράπουν. τιθεὶς τοὺς
15 λίθους ἐναλλὰξ [φ]ορ[μηδ]ὸν καὶ παρὰ μῆκος. Οἰκοδομήσει δὲ τοὺς τοίχους τῆς σκευοθήκης καὶ [τ]οὺς κίονας ἀκτίτου λίθου. Οὓς εὐθυντηρί-

aux personnages qui donnent leur nom à l'arsenal. M. Foucart, se fondant sur une analogie empruntée à l'inscription des murs d'Athènes, pense que ces personnages sont l'un des épistates de la construction et l'architecte.

1. C. à d. on interrompra le remblai dans l'intervalle compris entre chacun des murs et la file de colonnes : intervalle qu'il faudra plus tard recouvrir d'un plancher (l. 66).

Cf. Thucyd. II, 75.

pieds, sauf les [pierres d'] angles, longues de quatre pieds trois
palmes.

Sur ce socle et suivant son milieu, on dressera des pierres de
20 soubassement (B) longues de quatre pieds, épaisses de cinq demi
pieds et un doigt, hautes de trois pieds, sauf celle des angles, [dont
la] longueur [sera] réglée d'après la mesure des triglyphes : en
réservant, sur la largeur de l'arsenal, des portes [au nombre de]
deux de chaque côté ; largeur, neuf pieds.

Et de chaque côté, dans l'intervalle des deux portes, on bâtira
un jambage séparatif (C) ayant en largeur deux pieds et s'avançant
de dix pieds vers l'intérieur. Et on coudera jusqu'aux premiers
25 piliers le mur (C', C'') contre lequel s'ouvrira chacune des deux
portes.

Et sur le soubassement (B) on bâtira les murs à l'aide de pierres
ayant en longueur quatre pieds, en largeur cinq demi-pieds ; toute-
fois aux angles la longueur [des pierres sera réglée] d'après la
mesure des triglyphes. Épaisseur trois demi-pieds.

Et on donnera au mur, au-dessus du socle, une hauteur de
30 vingt-sept pieds y compris le triglyphe sous la corniche.

εν τοῖς τοίχοις, πλάτος τριῶν ποδῶν, πάχος τριῶν ἡμιποδίων, μῆκος τ-
ετραπέδων τῶν [λίθ]ων, ἐπὶ δὲ ταῖς γωνίαις τετραπέδων καὶ τριῶν παλαστῶν. Καὶ ἐπὶ τῆς εὐθυντηρίας ἐπιθήσει ὀρθοστάτας περὶ μέσηι τῆ-
20 ι εὐθυντηρίαι, μῆκος τετράποδας, πάχος πενθημιποδίων καὶ δακτύλου, ὕψος τρίποδας, τοὺς δ'ἐπὶ ταῖς γωνίαις μῆκος ἐκ τοῦ μέτρου τῶν τριγλύφων, διαλείπων θυραίας κατὰ τὸ πλάτος τῆς σκευοθήκης, δύο ἐκ[α]-
τέρωθεν, πλάτος ἐννέα ποδῶν. Καὶ οἰκοδομήσει μέτωπον ἑκατέρωθε[ν]
ἐν τῶι μετ[αξ]ὺ τῶν θυρῶν πλάτος δίπουν, εἰς δὲ τὸ εἴσω δεκάπουν· καὶ π-
25 εριχάμψει τὸν τοῖχον μέχρι τῶν πρώτων κιόνων πρὸς ὃν ἀνοίξεται ἡ
θύρα ἑκατέρα. Ἐπὶ δὲ τοῦ ὀρθοστάτου πλινθίων οἰκοδομήσει τοὺς τ-
οίχους, μῆκος τετράποσιν, πλάτος πέντε ἡμιποδίων, ἐπὶ δὲ ταῖς γωνίαις μῆκος ἐκ τοῦ μέτρου τῶν τριγλύφων, πάχος τριημιποδίοις. Ὕψος δ-
ὲ ποιήσει τῶν τοίχων ἀπὸ τῆς εὐθυντηρίας ἑπτὰ καὶ εἴκοσι ποδῶν σὺ-
30 ν τῆι τριγλύφωι ὑπὸ τὸ γεῖσον, τὰς δὲ θυραίας ὕψος πέντε καὶ δέκα πο-

Et [on fera] les portes d'une hauteur de quinze pieds et demi. Et on les surmontera de linteaux (D) en pierre du Pentélique de douze pieds de longueur, de même épaisseur que les murs et d'une hauteur [égale à] deux assises, après avoir dressé des jambages de pierre du Pentélique ou de l'Hymette et posé des seuils (E) [en pierre] de l'Hymette. Et on posera sur les linteaux une corniche faisant saillie de trois demi-pieds.

35   Et on fera des fenêtres (F) au pourtour, dans tous les murs : une dans chaque intervalle de piliers, et, sur la largeur, trois de chaque côté[1]; hauteur trois pieds, largeur deux pieds. Et on ajustera dans chaque fenêtre des garnitures en bronze s'ajustant.

Et, sur tout le pourtour, on surmontera les murs de corniches, et on construira les frontons et on les surmontera de corniches rampantes.

40   Et on dressera les piliers après avoir posé sous eux un stylobate (G) ayant en crête même hauteur que le socle. Épaisseur [des pierres], trois demi-pieds; largeur, trois pieds un palme; longueur quatre pieds.

Épaisseur des piliers, au bas, deux pieds trois palmes; longueur,

δῶν καὶ ἡμιποδίου. Καὶ ἐπιθήσει ὑπερτόναια λίθου πεντελικοῦ, μῆκος δώδεκα ποδῶν, πλάτος ἴσα τοῖς τοίχοις. ὕψος δίστοιχα, παραστά-
δας στήσας λίθου πεντελικοῦ ἢ ὑμηττίου, ὀδοὺς ὑποθεὶς ὑμηττίους·
καὶ γεῖσον ἐπιθήσει ἐπὶ τῶν ὑπερτοναίων, ὑπερέχον τρία ἡμιπόδια.

35 Καὶ ποιήσει θυρίδας κύκλωι ἐν ἅπασιν τοῖς τοίχοις, καθ' ἕκαστον τὸ
μετακιόνιον, ἐν δὲ τῶι πλάτει τρεῖς ἑκατέρωθεν, ὕψος τριῶν ποδῶν, π-
λάτος δυεῖν ποδοῖν. Καὶ ἐναρμόσει εἰς ἑκάστην τὴν θυρίδα χαλκᾶς θ-
υρίδας ἁρμοττούσας. Καὶ ἐπιθήσει ἐπὶ τοὺς τοίχους γεῖσα κύκλωι κ-
αὶ τοὺς κίονας οἰκοδομήσει καὶ γεῖσα ἐπιθήσει καταιέτια. Καὶ στ-
40 ήσει τοὺς κίονας. ὑποθεὶς στυλοβάτην κατὰ κεφαλὴν ἴσον τῆι εὐθυντηρίαι. πάχος τριῶν ἡμιποδίων, πλάτος δὲ τριῶν ποδῶν καὶ παλαστῆς.
μῆκος τεττάρων ποδῶν. Πάχος τῶν κιόνων κάτωθεν δυεῖν ποδοῖν καὶ τ-

---

[1] C. à d. trois dans chacun des murs-pignons.

chapiteau compris, trente pieds; chaque [pilier composé] de sept
vertèbres longues de quatre pieds, sauf la première [qui sera] de
cinq pieds. Et on posera sur les piliers des chapitaux en pierre
45 du Pentélique (H).

Et on posera des architraves de bois (J) au-dessus des piliers, les
ayant ajustées. Largeur, cinq demi-pieds; hauteur, sur la plus
haute des deux faces [1], neuf palmes. Nombre : dix-huit sur chaque
rangée [2].

Et on posera sur les piliers, au-dessus du passage, des entraits (K)
égaux en largeur et en hauteur aux architraves.

Et au-dessus on posera des faîtages (L) : largeur, sept palmes,
50 hauteur, cinq palmes et deux doigts, sans [tenir compte de] la
pente [3], après avoir posé par dessous [en l'appuyant] sur l'entrait
une sous-poutre (M) longue de trois pieds, large de trois demi-
pieds.

Et on assemblera les faîtages par des broches sur les entraits.

Et on posera sur eux des chevrons (N) d'une épaisseur de dix

ριῶν παλαστῶν, μῆκος σὺν τῶι ἐπικράνωι τριάκοντα ποδῶν, σφονδύλω-
ν ἕκαστον ἑπτά, μῆκος τετραπόδων, τοῦ δὲ πρώτου πεντέποδος. Τὰ δὲ ἐπ-
45 ίκρανα ἐπιθήσει ἐπὶ τοὺς κίονας λίθου πεντελικοῦ. Καὶ ἐπιθήσει
ἐπιστύλια ξύλινα ἐπὶ τοὺς κίονας, κολλήσας, πλάτος πέντε ἡμιποδίων. Ὕψος ἐννέα παλαστῶν ἐκ τοῦ ὑψηλοτέρου, ἀριθμὸς δεκαοκτὼ ἐφ' ἑκάτερον τὸν τόνον. Καὶ μεσόμνας ἐπιθήσει ἐπὶ τοὺς κίονας ὑπὲρ τῆς δι-
όδου, πλάτος καὶ ὕψος ἴσα τοῖς ἐπιστυλίοις. Καὶ ἐπιθήσει κορυφαῖα.
50 πλάτος ἑπτὰ παλαστῶν, ὕψος δὲ πέντε παλαστῶν καὶ δυεῖν δακτύλων
ἄνευ τῆς καταφορᾶς, ὑποθεὶς ὑπόθημα ἐπὶ τῆς μεσόμνης, μῆκος τριῶν
ποδῶν, πλάτος τριῶν ἡμιποδίων. Καὶ διαρμόσει τὰ κορυφαῖα κερκίσι-
ν ἐπὶ τῶν μεσομνῶν, καὶ ἐπιθήσει σφηκίσκους, πάχος δέκα δακτύλων, π-

---

[1] Cette indication était nécessaire; car ainsi que le montre le dessin, les deux faces de
l'architrave sont d'inégales hauteurs.

[2] Une pièce d'architrave répond ainsi à deux intervalles de pieds-droits.

[3] C. à d. sans tenir compte des levées qu'on devra opérer pour faire suivre au faîtage les
deux contre-pentes de la toiture.

doigts, d'une largeur de trois palmes et trois doigts, séparés les uns des autres par des intervalles de cinq palmes.

55 Et ayant posé par dessus [ces chevrons] des madriers (P) larges d'un demi-pied, épais de deux doigts, séparés les uns des autres de quatre doigts ; et ayant posé sur [ces madriers] des voliges épaisses de un doigt, larges de six doigts ; ayant cloué [ces voliges] à l'aide de clous de fer [et les] ayant enduites, on fera la toiture en tuile de Corinthe s'assemblant une [tuile] avec l'autre.

Et on posera au-dessus des portes, sur les jambages séparatifs (C), 60 du côté de l'intérieur, un plafond (Q) en pierre de l'Hymette.

Et on mettra aux portes de l'arsenal des vantaux s'ajustant dans les baies, et qui seront extérieurement en bronze.

Et on dallera le sol en pierres qui, suivant leur tranche, s'ajusteront tout à fait les unes contre les autres ; et on achèvera de rendre [le dallage] droit et uni par-dessus.

Et on interceptera chaque entre-colonnement par deux murs d'appui (B) en pierres de champ de trois pieds de hauteur ; et dans 65 l'intervalle entre ces murs d'appui on disposera une grille se fermant.

Et on fera aussi les planchers de l'intervalle [1], sur lesquels les

λάτος τριῶν παλαστῶν καὶ τριῶν δακτύλων, διαλείποντας ἀπ' ἀλλήλω-
55 ν πέντε παλαστάς. Καὶ ἐπιθεὶς ἱμάντας, πλάτος ἡμιποδίου, πάχος δυοῖν δακτύλοιν, διαλείποντας ἀπ' ἀλλήλων τέτταρας δακτύλους, καὶ ἐπιθεὶς καλύμματα, πάχος δακτύλου, πλάτος ἓξ δακτύλων, καθηλώσας ἥλ-
οις σιδηροῖς, δορώσας, κεραμώσει κεράμωι Κορινθίωι ἁρμόττοντι πρὸς ἄλληλον. Καὶ ἐπιθή[σ]ει ὑπὲρ τῶν θυρῶν ἐπὶ τὰ μέτωπα ἐκ τοῦ ἐντὸς
60 ἐραφὴν λιθίνην λίθου Ὑμηττίου. Καὶ θύρας ἐπιθήσει ταῖς σκευοθήκα-
ις ἁρμοττούσας εἰς τὰς θυρίδας, χαλκᾶς ἔξωθεν ποιήσας. Καὶ συστρώ-
σει τὸ ἔδαφος λίθοις τὸ ἐντὸς ἅπαν συναρμόττουσι πρὸς ἀλλήλους, κα-
ὶ ἐπεργάσεται ὀρθὸν καὶ ὁμαλὲς ἄνωθεν. Καὶ διαφράξει τὸ μετακιόνιον ἕκαστον ὀρθοστάταις δυοῖν λιθίναις, ὕψος τριῶν ποδῶν, καὶ ἐν
65 τῶι μεταξὺ κανκελίδα ἐπιθήσε[ι] κλειομένην. Ποιήσει δὲ καὶ τὰς ἐσχα-

[1] C. à d. de l'intervalle vide ménagé dans les substructions (l. 10 et 11).

agrès seront déposés ; [on les fera] en reliant de chaque côté [de l'édifice] la face intérieure des piliers avec les murs à l'aide d'une poutre (S) au droit de chaque pilier et [d'une poutre] accolée à chacun des murs extrêmes : [poutres ayant] cinq palmes de largeur [et] une hauteur de un pied, pénétrant d'une part de trois palmes dans le mur ; d'autre part on dressera contre chaque pilier des pilastres adossés, en pierre (T).

70   Et sur les poutres on posera des solives (N') : sept de chaque côté [de l'édifice], occupant tout l'intervalle jusqu'aux piliers. Largeur trois palmes, épaisseur un demi-pied.

Et on recouvrira toute la surface à l'aide de planches, les ayant juxtaposées et rendues jointives. Largeur trois pieds, épaisseur deux doigts.

Et on fera aussi[1] des tablettes[2] (K' et K″) sur lesquelles seront
75 déposées les ceintures de navires[3] et les autres agrès ; [on les fera

ἀς τὰς διαμέσου, ἐφ' ὧν τὰ σκεύη κείσεται, τὸ ἐντὸς τῶν κιόνων ἑκατέρωθεν μέχρι τοῦ τοίχου διαρμόσας καθ' ἕκαστον τὸν κίονα καὶ παρὰ τὸ-
ν τοῖχον ἑκατέρωθεν διερείσματι, πλάτος πέντε παλαστῶν, ὕψος ποδ-
ιαῖον· ἐπιβάλλοντι ἐπὶ μὲν τὸν τοῖχον τρεῖς παλαστάς, παρὰ δὲ τὸν κ-
70 ίονα παραστάδια στήσει λίθινα. Καὶ ἐπὶ τῶν διερεισμάτων ἐπιθήσε-
ι δοκίσκους ἑπτὰ ἐφ' ἑκάστην τὴν χώραν συμπληρῶν μέχρι τῶν κιόνω-
ν, πλάτος τριῶν παλαστῶν, πάχος ἡμιποδίου. Καὶ συνστρώσει πίναξιν
ἅπαν τὸ χωρίον, συμβαλὼν καὶ κολλήσας, πλάτος τρίποδας, πάχος δυοῖ-
ν δακτύλοιν. Ποιήσει δ[ὲ κ]αὶ μεσόμνας, ἐφ' ὧν κείσεται τὰ ὑποζώματα κ-
75 αὶ τ'ἄλλα σκεύη, παρ' ἑκάτερον τὸν τοῖχον, διπλᾶς τὸ ὕψος, καὶ ἐπικάμψ-

[1] Ici commence la description de l'aménagement intérieur; le texte la divise en deux parties :
1° (l. 74 à 79): description générale;
2° l. 79 à 84): détails techniques.
[2] Le mot μεσόμνη a été précédemment employé (l. 48 pour désigner l'entrait de la charpente: Dans les deux cas, l'idée à laquelle il répond est celle d'une pièce suspendue dans l'espace.
[3] Bœckh considère cet agrès comme une ceinture de cordage renforçant le navire: Urk. p. 133-138.

le long de chacun des deux murs, et doubles en hauteur. Et on les
coudera le long des murs en retour et suivant [l'alignement des]
colonnes : on les coudera de chaque côté [de l'édifice]. Et on fera la
tablette inférieure (K') à une hauteur de quatre pieds à partir du plancher, et la tablette supérieure (K") distante de l'autre de cinq
pieds.

Ayant dressé, depuis le plancher inférieur jusqu'au plancher su-
80 périeur, un montant (r) de un demi-pied, épais de six doigts [et]
ayant fixé contre les montants des traverses (s' et s") de même épaisseur [qu'eux], on posera sur ces [traverses] des tasseaux continus
(r et z), un de chaque coté, épais de six doigts dans chaque sens ;
et sur ces [tasseaux] on posera après les avoir rendues jointives,
des planches longues de quatre pieds, larges de trois pieds, épaisses
de deux doigts, et on les clouera s'assemblant et affleurant avec les
tasseaux.

85   Et on fera des échelles de bois pour monter sur les tablettes.

Et on fera aussi des coffres pour les voiles et les garnitures
blanches[1] : [on les fera] au nombre de cent trente-quatre, d'après

ει παρὰ τοὺς πλα[γ]ίους τοίχους καὶ κατὰ τοὺς κίονας· ἐπικάμψει καθ'
ἑκάστην τὴν χώραν. Ὕψος δὲ ποιήσει ἀπὸ τῆς ὀροφῆς τεττάρων ποδῶν, τ-
ὴν δὲ ἐπάνω μεσόμνην ἀπὸ τῆς ἑτέρας ἀπέχουσαν πέντε πόδας. Ἑκατέρα στήσας ἀπὸ τῆς κάτω ὀροφῆς μέχρι τῆς ἄνω ὀροφῆς, πλάτος ἡμιποδ-
80 ίου, πάχος ἓξ δακτύλων, διαπήξας διαπήγματα εἰς τοὺς ἑκατέρα-
ς τὸ αὐτὸ πάχος. θράνους ἐπιθήσει διανεκεῖς, ἕνα ἑκατέρωθεν, πάχος
ἓξ δακτύλων πανταχῆι· καὶ ἐπὶ τούτων ἐπιθήσει πίνακας συνκολλή-
ας, μῆκος τετράποδας, πλάτος τρίποδας, πάχος δυοῖν δακτύλοιν καὶ [κ]-
αθηλώσει συγκρημνῶντας ἐξ ἴσου τοῖς θράνοις. Καὶ κλίμακας ποιή-
85 σει ξυλίνας ἀναβαίνειν ἐπὶ τὰς μεσόμνας. Ποιήσει δὲ καὶ κιβωτοὺς
τοῖς ἱστίοις καὶ τοῖς παραρρύμασιν τοῖς λευκοῖς ἀριθμὸν ἑκατὸν
τριάκοντα τέτταρας, πρὸς τὸ παράδειγμα ποιήσας, καὶ θήσει κατὰ τι-

[1] D'après M. Cartaud (la Trière athén.), cet agrès serait une tenture d'étoffe peu com-
bustible servant à protéger le navire contre l'incendie.

le modèle [qui sera fourni]; et on les placera un en face de chaque
pilier, et un dans l'espace intermédiaire. Et les fera s'ouvrant : ceux
posés le long des murs, par leur face antérieure; et au contraire,
90 ceux posés en face des piliers, par l'une et l'autre de leurs faces
latérales, afin de permettre aux promeneurs de voir en quel état
se trouvent tous les objets [contenus] dans l'arsenal.

Et, afin qu'il y ait de la fraîcheur dans l'arsenal, lorqu'on bâtira
l'arsenal on laissera des interstices entre les pierres si l'architecte
l'ordonne.

95 Le tout, les entrepreneurs l'exécuteront selon les [présentes] conventions, et selon les mesures et selon le modèle qu'expliquera
l'architecte, et ils livreront chacun des ouvrages dans les délais
souscrits par eux.

ν κίονα ἕκαστον καὶ μίαν εἰς τὸ καταντ[ικρὺ] χωρίον. Καὶ ποιήσει ἀνο-
ιγομένας τῶμ μὲν πρὸς τῶι τοίχωι κειμένων τὸμ πρόσθιον τοῖχον, τ-
90 ῶν δὲ κατὰ τοὺς κίονας κειμένων ἀμφοτέρους τοὺς πλαγίους τοίχου-
ς, ὅπως ἂν ἦι ὁρᾶν ἅπαντα τὰ σκεύη διεξιοῦσιν. ὅπως ἂν ἦι ἐν τῆι σκευοθήκηι. Ὅπως δ' ἂν καὶ ψῦχος ἦι ἐν τῆι σκευοθήκηι, ὅταν οἰκοδομῆι τού-
ς τοίχους τῆς σκευοθήκης, διαλείψει τῶν πλινθίδων ἐν τοῖς ἁρμοῖς ἧ-
ι ἂν κελεύηι ὁ ἀρχιτέκτων. Ταῦτα ἅπαντα ἐξεργάσονται οἱ μισθωσάμ-
95 ενοι κατὰ τὰς συγγραφὰς καὶ πρὸς τὰ μέτρα καὶ πρὸς τὸ παράδειγμα, ὃ
ἂν φράζηι ὁ ἀρχιτέκτων, καὶ ἐν τοῖς χρόνοις ἀποδώσουσιν, οἷς ἂν μισ-
θώσωνται ἕκαστα τῶν ἔργων.

—

DEUXIÈME PARTIE

ÉTUDE DES DISPOSITIONS TECHNIQUES

A travers les chiffres et les prescriptions minutieuses du contrat, on distingue sans peine l'économie générale du projet.

L'édifice est à la fois une promenade publique et un arsenal : sa situation entre l'agora et les loges de navires explique sa double destination, et son plan y répond à merveille. L'intérieur, allongé en forme de galerie, est partagé en trois nefs par deux files de minces piliers ; aux promeneurs est livrée la nef centrale, et ce sont les bas côtés qui constituent l'arsenal. Pour que la conservation des agrès soit mieux assurée, ces bas côtés ont pour sol un plancher sous lequel l'air circule. Deux étages de tablettes règnent le long des murs ; et, au-dessus des piliers, une charpente, faite de bois énormes, est laissée entièrement apparente. Point d'autre décoration à l'intérieur, que le couronnement même des piliers et, au dehors, une frise à triglyphes ; point d'autres ouvertures que des meurtrières pratiquées au sommet des murs et, à chaque extrémité de la nef centrale, deux larges portes donnant libre accès à la foule. Il y a dans ce parti si net, si franchement rendu, je ne sais quelle dignité sévère dont l'impression devait être saisissante. Qu'on se figure, sur une longueur comparable à celle de la colonnade du Louvre, une charpente dont la simplicité monumentale fait songer à celles des vieilles basiliques de l'Italie. La promenade couverte, éclairée seulement par les baies étroites des galeries qui la bordent, se dessine dans cette lumière vague qui ajoute aux illusions de la profondeur ; et, aux heures chaudes du jour, on la voit s'animer des mouvements de la foule qui vient chercher la fraîcheur sous son grand vaisseau sombre.

I. — CONSTRUCTIONS EN PIERRE

1° Substructions

L'édifice repose sur le roc vif. Le roc fut aplani (apparemment par gradins), et la plate-forme fut construite non point à l'aide de remblais, mais au moyen d'assises de libages qui se croisent « à la façon d'un treillis ». Le texte n'indique point de fondations spéciales pour les murs non plus que pour les piles de la nef : le massif de la plate-forme constitue un radier général sur lequel les murs et les piles s'appuient sans intermédiaire[1].

2° Appareil des murs

Les pierres, bien entendu, étaient superposées sans mortier ; et il est permis d'inférer des Inventaires de la marine, que ces pierres étaient réunies par des ferrements scellés au plomb : un des inventaires porte en effet l'indication formelle d'un approvisionnement de 335 pierres taillées, « avec le plomb[2] ». Le même inventaire enregistre ensuite

----

[1] Voir, sur la pratique de ce mode de construction, Hittorff, *Monuments de Ségeste et de Sélinonte*, p. 305.

[2] Boeckh, *Urkunden über das Seewesen des Attischen Staats*, p. 404, 1.95.

Les mots qui servent à désigner les crampons et les goujons sont $\delta\epsilon\sigma\mu\alpha i$ et $\gamma\delta\mu\varphi\omega\iota$: voir sur le sens de ces deux mots Fabricius, *De archit. gr. commentat. epigr.*, 1881, p. 61.

55 crampons et un goujon en fer : ce sont là précisément les ferrements
que le plomb doit sceller.

Mais le fait essentiel est l'échantillonnage absolument régulier des
pierres : toutes offrent en parement une longueur uniforme de 4ᵖ,
sauf les pierres d'angles qui seront réglées, dit le texte, « d'après la
mesure des triglyphes ».

— La prescription relative aux pierres d'angle contient l'énoncé
d'une règle d'appareil qui fut observée dans presque tous les monuments des belles époques : au temple de Thésée, aux Propylées de
l'Acropole, etc., la pierre d'angle est précisément égale à une pierre
d'appareil courant, augmentée de la largeur d'un triglyphe[1]. — Telle
était la dimension des pierres d'angle à l'arsenal de Philon : et si par
contre-épreuve on déduit de la longueur des pierres courantes, qui
est donnée, la largeur du triglyphe que l'auteur du marché a omise, on
trouve par le calcul le plus élémentaire que la largeur du triglyphe
était de 1ᵖ 1/2.

Cela posé il est aisé de reconnaître à l'inspection du plan (pl. I, fig. 2),
que les pierres d'angle de la façade principale mesuraient alternativement 5ᵖ 1/2 et 3ᵖ 1/2 de longueur. Ces deux chiffres excédant l'un et
l'autre l'épaisseur du mur qui est seulement de 2ᵖ 1/2, il est clair que
les angles ne pouvaient être exécutés suivant le système d'appareil
dit *en besace:* les pierres d'angle se coudaient; disposition qui ne serait
pas recommandable pour des murs fondés sur un sol moins résistant
et soumis à de lourdes charges, car au moindre tassement elle
amènerait des ruptures.

[1] On peut se rendre compte de cette loi d'appareil par les dessins de Stuart et Revett
(*Antiquités d'Athènes*).

3

3° Les piliers

En quoi consistent les piliers de l'édifice?

Le texte ne désigne nulle part ces piliers par le nom de στῦλοι (colonnes); le radical στῦλος revient à plusieurs reprises dans quelques dérivés techniques tels que στυλοβάτης, ἐπιστύλιον, παραστύλιον, où sa présence ne pouvait donner lieu à aucune équivoque; mais, pour désigner le pilier lui-même, c'est de parti pris que l'auteur du devis use du mot κίων. Cela est significatif: *Les piliers ne sont pas des colonnes, mais bien des pilastres à section carrée.*

Les cotes fournissent à cet égard une preuve décisive :

1° La hauteur, égale à 30ᵖ, représente en chiffre rond onze fois l'épaisseur du fût ;

2° Le talus de ce fût est imperceptible : ce fût ne pouvant être plus mince que l'architrave à laquelle il sert de support, l'inclinaison de ses génératrices par rapport à la verticale ne saurait excéder 1/240;

3° Enfin le chapiteau, dont la hauteur est de 1ᵖ, représente seulement 1/30 de la hauteur totale : à peine la moitié de ce qui conviendrait au chapiteau d'une colonne.

De telles proportions sont en complet désaccord avec celles des colonnes. Et au contraire, si l'on se place dans l'hypothèse d'une *ante* ou pilier carré, tout s'explique :

1° La hauteur du fût comparée à son épaisseur n'a rien d'exagéré pour une ante[1].

---

[1] Au monument de Thrasyllus, le pilier carré qui portait l'architrave était plus élancé encore voir les relevés de Stuart : or le monument de Thrasyllus se rapproche beaucoup par sa date de l'arsenal de Philon.

2° Le talus presque inappréciable du fût est parfaitement en rapport avec ce qu'on sait du retrait des antes dans les édifices grecs ;

3° A son tour le chapiteau, avec sa hauteur insignifiante, répond sans difficulté à un chapiteau d'ante, et s'accommode fort bien de la moulure traditionnelle en bec-de-corbin que nous avons adoptée pour son tracé.

Ajoutons que la stabilité d'un pilier carré est supérieure à celle d'un fût cylindrique ; et, pour des supports aussi grêles, ce surcroît de garantie n'était nullement à négliger.

La forme des piliers ne saurait donc laisser de doute. Peut-être même serait-on fondé à reconnaître ici cet ordre de supports à section carrée que Pline nous a décrits sous le nom d'ordre attique[1].

Quoi qu'il en soit, la hardiesse de la construction est extrême : des piliers et des murs isolés, dont l'épaisseur n'atteint pas le onzième de leur hauteur, représentent une limite de légèreté qu'on ne saurait dépasser sans risque : les pleins correspondent à peu près au dixième du vide intérieur ; et ce ne fut pas un des moindres mérites de l'architecte Philon d'avoir su donner à une construction si légère cet aspect monumental que les anciens admiraient en elle.

II. — CHARPENTE ET TOITURE

Avant la découverte du devis du Pirée, on n'avait sur les charpentes antiques que les notions les plus vagues. On lisait dans l'Inscription des murs d'Athènes, les détails de l'abri qui couvrait une galerie de ronde[2]; les Inventaires de l'Erechtéion donnaient les noms

---

[1] Plin. *hist. nat.* XXXVI, 56.

[2] Inscript. des murs d'Athènes: Otfr. Müller, *De muniw. Athen.*; cf. Rangabé, *Antiq. hell.* 771.

— Plafond et comble de l'Erechtéion: *Corp. I. gr.* 160.

— Indications techniques de Vitr. : IV, ii ; V, i ; cf. C. I. lat. 577.

des principales pièces d'un comble ; une phrase ou deux de Vitruve, des descriptions d'engins de guerre et les indications très sommaires de quelques bas-reliefs, voilà ce qu'on possédait en fait de renseignements sur l'art de la charpenterie : l'histoire de la construction présentait sur ce point une regrettable lacune, que le devis de Philon vient remplir.

1° Plancher des nefs latérales

Il ne diffère par rien d'essentiel de nos planchers modernes : des poutres, un solivage, une plate-forme. — L'appui des poutres est le seul détail qui mérite de nous arrêter :

A l'extrémité qui bute contre le mur d'enceinte, rien n'empêchait un appui par encastrement : et ce fut là en effet le parti adopté. Mais à l'autre bout, un encastrement eût affaibli le stylobate dans la partie qui supporte la charge des piliers : aussi, au lieu d'encastrer la poutre par cette extrémité, l'architecte eut le soin de la maintenir par un dé S[1].

2° Charpente du comble

Sur les sommets des piles règne tout le long de la nef centrale un poitrail ou architrave I, composé de pièces d'un équarrissage de 2ᵖ 1/2 sur 2ᵖ 1/4, dont chacune embrasse deux entre-axes de piliers ; les poitraux extrêmes s'enfoncent dans l'épaisseur des murs de tête.

Transversalement à la nef, des pièces de même équarrissage K,

---

[1] Jusqu'ici, les interprètes du devis de Philon ont généralement admis que le plancher destiné à recevoir les agrès *entresolait* les nefs latérales de l'édifice : Cette disposition eût été bien incommode et bien peu stable. Mais une considération qui nous paraît plus décisive encore, c'est que le texte ne dit rien de la cote de hauteur de ce plancher : ce serait une omission étrange, sans exemple dans un devis aussi circonstancié. — En fait, le texte parle non pas d'*un* plancher vaguement situé à mi-hauteur des nefs latérales, mais *du* plancher franchissant un vide dont le lecteur est censé connaître déjà l'existence (ἐπὶ τῷ διὰ μέσου) : ce vide, c'est évidemment la lacune laissée dans le massif de substruction (l. 10). Si le devis n'indique point de cote pour le niveau du plancher, c'est que la cote va de soi : elle n'est autre que celle du dessus du stybolate.

forment traverses et relient les deux cours de poitraux l'un à l'autre :
l'ensemble constitue au sommet des piliers comme un grillage d'une
solidité à toute épreuve ; et c'est sur ce grillage que repose simple-
ment le plancher incliné de la toiture. Une sous-poutre M reporte sur
l'entrait K le poids du faîtage L; et les chevrons N s'appuient :

Par un bout, sur le faîtage L;

Vers leur milieu, sur l'architrave I;

Et, par l'autre extrémité, sur le mur même [1].

— Rien n'est plus simple que cette construction, mais rien ne diffère
plus profondément de ce qui se pratique aujourd'hui :

Chez nous, l'entrait est essentiellement une pièce soumise à des
efforts de traction, un « tirant » : Ici, l'entrait se présente comme une
pièce *portante*. L'idée d'une ferme, c'est-à-dire d'une combinaison où
le poids de la toiture se résout en efforts de tension, cette idée fon-
damentale de la charpente moderne, est ici entièrement absente :
le comble entier n'est qu'un empilage de bois qui s'appuient les uns
sur les autres et dont les pesanteurs agissent verticalement sans jamais
se convertir en tensions : cela marque, à tout prendre, une phase
assez primitive dans l'histoire de l'art de la charpente.

Les poitraux et les traverses du comble sont des pièces énormes.
On est en vérité surpris de voir employer des poutres de 2^p 1/2
d'équarrissage (plus de $0^m,75$) en pleine Attique : l'Attique aurait-elle
été autrefois aussi riche en bois qu'elle en est aujourd'hui dépourvue ?
Il est permis de le croire; et un texte du Critias, où Platon attribue
aux forêts indigènes les charpentes des vieux temples d'Athènes, prête
à cette hypothèse au moins la vraisemblance [2].

A quelle essence faut-il rapporter ces bois extraordinaires ? Le texte

---

[1] Le mot du texte qui désigne les chevrons de la toiture est le même qui, dans la description du plancher, désigne les solives : la similitude des noms répond à l'équivalence des rôles.
[2] Cf. Ottfr. Müller, *Archäol*, n. 107.

n'en dit mot : mais son silence, en nous privant d'un détail technique, nous vaut un renseignement intéressant sur le régime financier de l'entreprise. Si le marché ne spécifie pas la nature des bois, c'est que l'État se charge directement de les fournir[1].

3° PLATE-FORME DE LA TOITURE

Le plancher du comble est exposé à la chaleur parfois extrême que les tuiles lui transmettent ; il importe qu'il soit établi de manière à subir sans se déformer cette élévation de température. De gros madriers gauchiraient : on les a remplacés par un double platelage en pièces de bois croisées : le premier platelage, dont les pièces sont dirigées horizontalement, est formé de madriers de deux doigts d'épaisseur, non jointifs ; le second, dont les pièces suivent la direction de la ligne de pente, se compose de voliges épaisses d'un doigt seulement, assemblées à joint et clouées. On ne pourrait mieux faire ; et nous-mêmes, lorsque nous voulons établir des panneaux de bois peu sensibles aux variations de température, nous ne procédons pas autrement : nous employons des planchettes minces qui se croisent.

4° LA COUVERTURE

Les tuiles de la toiture reposaient sur le voligeage par l'intermédiaire d'une couche d'enduit : la surface inférieure de ces tuiles, plus ou moins gauchie par la cuisson, trouvait sur une surface plastique une assiette bien assurée ; et en même temps l'enduit faisait obstacle à l'échauffement des charpentes.

— Mais ce ne sont pas là les seuls renseignements qui soient arrivés jusqu'à nous : les Inventaires de la Marine viennent à notre aide et précisent les moindres particularités de la toiture en établissant :

[1] On sait d'ailleurs qu'il était d'usage chez les Grecs que l'État se chargeât de la fourniture totale ou partielle des matériaux destinés aux travaux publics : Boeckh. *Staatshaush.* liv. II, 10 (2ᵉ éd. p. 287).

1° L'existence de tuiles-cheneaux à gargouille en tête de lion : une tuile-cheneau pour deux largeurs de tuiles courantes ;

2° L'existence de tuiles couvre-joints ornées de palmettes, dont la position est indiquée sur nos dessins par la lettre *f*. — Le passage des *Inventaires*[1], peut être traduit comme il suit :

« ... Un modèle des tuiles de la toiture de l'arsenal.

« Tuiles de première rangée à tête de lion[2] pour la bordure du « fronton : 2.

« Autres [tuiles] de première rangée à tête de lion, avec *le* couvre-« joint à palmette[3]...

« Autres tuiles : 6, dont 3 de première rangée ayant leurs couvre-« joints.

« Couvre-joints à palmette : 2. »

III. — AMÉNAGEMENTS INTÉRIEURS

Voici, sous forme d'interprétation libre, comment le devis décrit les accessoires destinés à recevoir les agrès :

1° DESCRIPTION GÉNÉRALE DE L'INSTALLATION

Le long de tous les murs — même le long des murs-pignons et des éperons C' et C" — règnera une double rangée de tablettes (μεσόμναι) : la rangée inférieure sera à 4ᵖ au-dessus du plancher, l'autre à 5ᵖ plus haut.

---

[1] Bœckh, *Urk.* p. 405-408.

[2] C. à d. tuiles portant cheneau avec gargouille à tête de lion, destinées à occuper les deux angles inférieurs du fronton.

[3] Une tuile de première rangée portant cheneau correspond d'ordinaire à deux largeurs de tuiles courantes, de sorte qu'une file de couvre-joints vient mourir au milieu de chaque tuile-cheneau : là elle se termine par une palmette *f*. Cette palmette *f* se présente rarement sans être accompagnée de palmettes-faîtières. De là notre restitution de la crête qui couronne la toiture. — Hittorff, *Monuments de Ségeste et de Sélinonte*, p. 558.

2° Mode d'exécution

Ces tablettes seront soutenues par des montants *v* (ἐκρωτῆρες) allant du plancher-bas au comble (de l'ὀροφή inférieure à l'ὀροφή supérieure) et reliés aux murs par des traverses *x* et *z*.

— Ainsi se résument les aménagements de menuiserie de l'arsenal. Si l'on jette les yeux sur la coupe pl. I, fig. 3, on observera avec quelle attention les niveaux des tablettes ont été mis d'accord avec les lignes d'assises. Le dessous de la tablette inférieure K' s'arase avec un lit du mur ; le dessus de la seconde tablette K″ affleure et avec un lit du mur et avec un lit du pilier. Les tambours de ce pilier (ou, pour parler comme le devis, ses « vertèbres ») n'ont pas la même hauteur que les assises du mur : mais, au niveau où doit régner une tablette, la correspondance des lits se rétablit de la façon la plus précise. — Passons aux détails du mobilier proprement dit.

« Sous chacune des tablettes inférieures, on disposera des coffres ; « et d'autres coffres seront également installés en regard de chacun « des piliers. »

Ces coffres sont représentés au plan par des rectangles ponctués : leur nombre même implique leur mode de rangement ; ils se répartissent de la manière suivante :

Coffres adossés aux murs...............	68
Coffres adossés aux piliers..............	66
Total, pareil à l'indication du devis....	134

Pour trouver ce nombre de coffres, il n'en faut point compter dans les chambres extrêmes des galeries ; et cela s'explique : « Les coffres doivent s'ouvrir de telle sorte que les promeneurs puissent vérifier l'état du matériel qu'ils contiennent; » des coffres relégués aux extrémités des galeries eussent échappé à ce singulier contrôle.

IV. — LES PORTES, LES FENÊTRES ET LE MODE D'AÉRAGE

1° PORTES

Dans les édifices grecs, on trouve assez rarement la trace de feuillures destinées à recevoir les portes : le devis de l'arsenal n'en fait aucune mention. Très probablement le bâti dormant devait être fixé aux jambages de la baie par de simples scellements.

Ces jambages, ainsi que les linteaux, sont monolithes et s'arasent sans saillie, à l'affleurement même du mur[1]. Le linteau est en marbre blanc du Pentélique ; quant aux jambages, par une tolérance que motive sans doute leur longueur de 14 pieds, l'entrepreneur est autorisé à les exécuter en marbre bleu de l'Hymette. Un tel contraste de tons nous choquerait ; les Grecs, le trouvant justifié, ne faisaient point de difficulté à l'admettre.

— Une des portes, qui ne répondait point aux conditions du marché, fut refusée ; et la déclaration du refus, consignée aux Inventaires de la marine, nous apprend que cette porte était à un seul vantail[2].

Des vantaux de 9° de largeur, revêtus de bronze, étaient lourds, et les efforts développés par leur manœuvre pouvaient compromettre la solidité ; aussi l'architecte eut soin, à l'endroit des portes, de consolider la façade par de vigoureux contre-forts. Les portions de mur C. C', C", dirigées perpendiculairement à la façade, n'ont pas d'autre fonction : ce sont trois éperons que le plafond Q vient encore renforcer en les rendant mutuellement solidaires.

[1] Πλάτος ἰσα τοῖς τείχεσι (l. 32)
[2] Boeckh, Urk., p. 415 (l. 80).

2° Fenêtres et prises d'air

Rien n'autorise à croire que les fenêtres aient été vitrées. Faut-il admettre qu'au IV° siècle les Grecs aient ignoré l'usage des panneaux translucides? du moins, à l'arsenal du Pirée, la garniture des fenêtres consistait en une simple grille de bronze par où l'air se renouvelait sans cesse.

Indépendamment de ce grillage, le devis prévoit l'établissement de prises d'air qui se feront par les jointures mêmes des pierres. « Afin « qu'il y ait de la fraîcheur (c. à d. afin que l'air circule) dans l'arsenal, « l'entrepreneur laissera des vides entre les joints des pierres, si l'ar-« chitecte l'ordonne. » On ignore si l'idée fut suivie d'exécution, mais des joints verticaux ouverts en forme de meurtrières n'ont rien de contraire aux habitudes des Grecs : l'Erechthéion[1], le temple d'Éza-ni, etc. nous en offrent des exemples; et, dans le cas de l'arsenal de Philon, des interstices de ce genre, ménagés à la partie basse des murs et combinant leur effet avec celui des fenêtres hautes, auraient assuré toutes les garanties d'une excellente ventilation.

V. — MARCHE SUIVIE POUR L'EXÉCUTION DES TRAVAUX

Les Inventaires de la marine nous indiquent assez bien la marche du travail :

À un moment où certaines portions de l'arsenal servaient déjà d'abri à de grosses machines de guerre, les approvisionnements destinés à sa continuation comprenaient à la fois des tuiles, des pierres de taille et des matériaux de scellements[2].

---

[1] *Mittheil. des archäol. Instituts in Athen.* 1881, p. 389 (l'auteur du Mém. émet des doutes sur l'origine hellénique de la baie qu'il décrit). — Cf. W. Ludlow, *American journal of philology*, vol. III, n. 2.

[2] Boeckh, *Urk.* p. 495, l. 90 et suiv.

Ainsi, une partie de l'édifice était couverte avant que les murs mêmes des autres parties ne fussent achevés. La construction fut donc conduite par tronçons : on commença par une extrémité et l'on chemina de proche en proche, couvrant la galerie à mesure qu'elle s'allongeait. L'extrémité par où l'on commença est précisément celle qui se trouvait le plus en vue, celle qui regardait le propylée de l'agora ; tel du moins paraît être le sens de ce passage du texte : Ἀρξάμενον ἀπὸ τοῦ προπυλαίου τοῦ ἐξ ἀγορᾶς (l. 53)¹.

On peut même préciser davantage, car l'auteur du devis a décrit les opérations suivant un ordre méthodique qui n'est autre que celui de leur succession : ainsi il a décrit les planchers *après* la toiture, etc.

— La marche des travaux fut donc la suivante :

1° Aplanissement du roc et substructions.

2° Exécution des murs, pose des jambages et des linteaux des portes ainsi que du grillage des fenêtres.

3° Piliers intérieurs.

4° Charpente du comble.

5° Toiture.

6° Construction des porches et pose des vantaux des portes.

7° Dallage de la nef centrale.

8° Établissement des planchers dans les nefs latérales.

9° Tablettes et aménagements intérieurs.

VI. — DÉCORATION

Le devis, si explicite sur les détails de construction, ce texte qui pousse la précision jusqu'à mentionner les clous de la toiture, est presque muet dès qu'il s'agit d'ornements : ainsi c'est par un document

---

¹ C'est ainsi que les Ségestains avaient commencé par la colonnade extérieure l'exécution de leur temple ; on sent à cette manière de procéder l'impatience qu'éprouvaient les Grecs de jouir de l'aspect de leur œuvre.

étranger, c'est par l'Inventaire de la marine, que nous savons que les triglyphes de l'arsenal étaient peints[1]. Les corniches, le devis les décrit à peine ; le profil des chapiteaux, il le laisse deviner.

Sommes-nous ici en face d'une lacune, ou bien plutôt le silence du devis n'est-il pas un indice de l'état même des méthodes au IVᵉ siècle ? — À l'approche de l'époque macédonienne, tout se systématise et tend à se réduire en formules : déjà les architectes adoptent pour leurs plans de villes ces tracés au cordeau où tout est méthodique et réglé ; ces mêmes architectes n'étaient-ils point parvenus à renfermer la décoration tout entière dans une règle assez précise pour n'avoir plus à décrire les détails ? — Au reste, en fait de détails décoratifs, le texte implique beaucoup plus qu'il ne dit. Nous avons montré (page 17) de quelle façon il nous donne la largeur des triglyphes. Ainsi que nous allons l'établir, ce texte nous fournit également la hauteur des deux membres inférieurs de l'entablement, le nombre des triglyphes et la position des baies d'éclairage.

Et d'abord, pour la hauteur cumulée de l'architrave et de la corniche, l'hésitation n'est guère possible. Le mur se composant d'assises de 1ᵖ 1/2, ces deux membres ensemble doivent occuper la place d'un nombre exact d'assises ; et ce nombre, le sentiment des formes grecques le détermine : l'architrave et la frise ensemble occupent la hauteur de 3 assises, soit 4ᵖ 1/2.

Reste à fixer le nombre et la répartition des triglyphes de la frise.
— Or nous savons (l. 36) que la façade principale doit contenir 3 fenêtres : l'une de ces fenêtres se place nécessairement dans l'axe même de l'édifice ; et, comme son linteau ne saurait être autre chose qu'une des dalles de l'architrave, il s'ensuit :
1° Qu'une métope occupe le milieu de la façade ;

[1] *Urk.* : p. 410 l. 135 : p. 499 l. 23 : p. 527 l. 43.

2° Que le nombre des triglyphes est pair.

On peut hésiter entre trois nombres : 14, 16 ou 18 triglyphes ; le chiffre qui, à notre avis donne la division la plus harmonieuse, est 16 ; nous l'avons admis, après quoi les fenêtres latérales se disposent d'elles-mêmes : la condition de les faire correspondre axe pour axe avec les métopes, ne laisse aucune indécision sur la place à leur assigner.

—

TROISIÈME PARTIE

LES PROPORTIONS

Expression systématique des dimensions en chiffres entiers

Le projet de Philon est, au point de vue de la précision des cotes, un véritable modèle : il ne contient pas une seule cote moyenne, pas un chiffre déterminé par à peu près : tout est résultat de calculs exacts, chaque chiffre à sa signification rigoureusement précise et ne comporte de variation, si légère soit-elle, ni en plus, ni en moins.

. — Je prends un exemple, et je le choisis à dessein parmi les détails en apparence les plus accessoires, le chevronnage de la toiture :

Le texte énonce la largeur et l'espacement des chevrons, savoir :

Largeur . . . .   3 palmes moins 1 doigt.
Espacement . . . .   5 palmes.

Ces chevrons et les vides doivent se répartir sur l'intervalle qui sépare les parements intérieurs des deux murs-pignons, c.-à-d. sur 395 pieds.

La répartition est *rigoureusement* exacte :

180 chevrons font ensemble. . .   168ᵖ 12ᵈ
Les 181 vides. 226ᵖ 4ᵈ
                              Total. . . . .   395 pieds.

— Non seulement les cotes ont toutes ce sens précis, absolu, mais toutes s'expriment (selon la grandeur de l'objet) en nombres entiers de pieds, palmes ou doigts : pas une des dimensions inscrites au devis n'est énoncée sous la forme d'une cote fractionnaire.

Et en effet la précision absolue d'exécution, qui était un besoin pour les Grecs, ne comportait guère les cotes complexes ; il fallait des chiffres ronds, des cotes entières, celles qu'on peut lire directement et sans interpolation sur une règle graduée : force était pour l'architecte de chiffrer sa pensée.

LA LOI DES RAPPORTS SIMPLES.

Ainsi les Grecs s'attachaient de parti pris aux cotes simples. Ils n'attribuaient pas une moindre importance aux rapports simples ; et l'analyse du projet de Philon montrera par quel artifice ils parvinrent à concilier l'une avec l'autre la double condition des cotes entières et des rapports simples[1].

DIMENSIONS DE LA FAÇADE

La largeur totale de la façade est fixée, d'après l'espace disponible, à 55ᵖ.

Voici comment les cotes de hauteur se déduisent de cette cote initiale :

a) Hauteur aux extrémités de la façade.

La hauteur des murs latéraux (hauteur mesurée, ainsi que le texte nous la donne, entre le socle et la corniche) est théoriquement égale à *la moitié* de la largeur de la façade, soit 1/2 55.

---

[1] Bien entendu, pour que les lois se révèlent, il faut que les cotes de hauteur soient évaluées à partir du plan-origine qui a servi à l'établissement même du projet. Le plan de comparaison que Philon a pris pour origine de ses cotes verticales, était tout indiqué il n'était autre que le dessus du socle.

Mais la moitié exacte de 55 serait, un nombre fractionnaire 27, 5 : on prendra un nombre entier *aussi rapproché que possible*. On pourrait admettre *avec une égale approximation* 27 ou bien 28 : Le chiffre inscrit au devis est 27.

b) Hauteur mesurée suivant l'axe.

Déterminons maintenant la hauteur de la façade en son milieu :

En jetant un coup d'œil sur la coupe de l'édifice (pl. II, fig. 1), on reconnaît que cette hauteur s'obtiendra par l'addition des cotes suivantes :

1° Piles............................	30 p.
2° Entrait K........................	2 p. 1 palme.
3° Sous-faîte M.....................	1 p. 2 pa.
4° Faîtage L........................	1 p. 1 pa. 2 doigts.

5° Chevrons, madriers et voligeage (épaisseur mésurée *verticalement*) :

— Cette dernière épaisseur, si elle était mésurée perpendiculairement à la toiture, *serait* de 13 doigts.

A raison de la pente, il faut augmenter le chiffre de 13 doigts d'une petite quantité que des considérations de triangles semblables permettent de calculer, et dont la valeur est 0 doigt, 448.

L'architecte a compté cette fraction de doigt pour 1 doigt, et considéré l'intervalle vertical entre le dessous des chevrons et le dessus des voliges comme égal à ....   0 p. 0 pa. 14 doigts.

L'erreur excède à peine *un centimètre*; et, moyennant cette correction insignifiante, le total des cotes qui donne la hauteur de la façade au-dessus du socle s'exprime par......   36 pieds.

— Or ce chiffre 36 est précisément le nombre entier qui représente *avec la plus grande approximation possible* les 2/3 de la largeur de l'édifice. (Les 2/3 de 55 seraient de 36, 66) : 36 est le chiffre entier le plus voisin.

Si pour simplifier les énoncés, nous appelons *cotes réelles* les cotes effectivement inscrites au devis, et *cotes théoriques* les cotes telles que les donnent les lois harmoniques conçues par l'architecte, la proportion de la façade se formule ainsi qu'il suit :

La hauteur minimum représente théoriquement *la moitié* de la largeur, et la hauteur maximum les *deux tiers* de cette même largeur.

— Des rapports aussi simples se retrouveront dans toutes les parties de l'édifice :

FAÇADES LATÉRALES

Le développement étant de 400ᵖ, la hauteur 27ᵖ correspond *en nombre entier* au quinzième de cette longueur : 1/15 400 = 26, 666... ; 27, *cote réelle*, est le nombre entier le plus voisin.

PROPORTION DES PILIERS

Pour les piliers de la nef, l'épaisseur mesurée au niveau du stylobate représente, *en nombre entier de palmes*, le onzième de la hauteur.

Le onzième de 30ᵖ serait . . . . 2' 2" 3''', 64 :
Le nombre entier de doigts le plus rapproché
de ce chiffre théorique est 2' 2" 4''', soit . . . .   2' 3".

C'est précisément cette valeur qui fut adoptée : Toujours le rapport simple donne la dimension théorique ; et de cette dimension théorique on passe à la cote réelle en remplaçant la partie fractionnaire par le chiffre entier le plus voisin.

Proportion des baies

Portes.

La largeur d'une porte représente théoriquement 1/6 de la largeur
de la façade, soit 1/6 de 55ᵖ. Mais 55 n'est pas divisible par 6 : le 6ᵉ
de 55 serait 9, 17 : on a pris le nombre entier le plus voisin, qui
est 9.

— La porte, y compris le linteau et la corniche qui la surmonte,
s'élève à une hauteur qu'il est aisé d'évaluer : La nécessité de faire
régner avec une ligne d'assise le lit supérieur de la corniche permet
d'affirmer que ce lit est à la cote 18ᵖ au-dessus du socle. 18 = 1/2 36 :
donc le couronnement de la porte est juste *à mi-hauteur* de l'édifice.

Ce couronnement se développe sur une largeur de 27ᵖ : — C'est
précisément (en nombre entier) la moitié de la largeur de la façade
(1/2 55 = 27, 5).

Si maintenant on compare à la largeur d'une porte qui est de 9ᵖ sa
hauteur mesurée au-dessus du socle, on voit encore un rapport simple
apparaître :

Les 3/2 de la largeur s'exprimeraient par un nombre fractionnaire 13, 50. A ce nombre fractionnaire deux cotes entières peuvent
être substituées avec une égale approximation : 13 ou bien 14. Le
chiffre admis est 14 ; de sorte qu'on peut dire que, pour les baies des
portes, la proportion théorique de la largeur à la hauteur est celle
de 2 à 3.

Fenêtres, et section transversale de la nef.

Et ce rapport 2/3 n'est pas spécial aux baies des portes : il s'étend
à *toutes* les baies de l'édifice.

— Exemple : les fenêtres. Toutes ont deux pieds de largeur pour 3 pieds de hauteur.

Autre exemple : La section de la nef centrale. La largeur de la travée étant de 20ᵈ, sa hauteur (toujours au-dessus du socle) est représentée par 30ᵈ : — encore le rapport de 2 à 3.

— On pourrait, en entrant de plus en plus dans le détail, multiplier à l'infini ces observations de rapports simples :

Si l'on compare l'épaisseur d'un chevron à sa largeur (10 doigts et 15 doigts), on obtient exactement le rapport de 2 à 3.

Si l'on évalue dans le chevronnage la proportion des pleins aux vides, on trouve un rapport qui *théoriquement* est celui de 3 à 5 ; les chiffres théoriques sont :

> Chevrons.................... 1 pied.
> Vides...................... 5 palmes.

— En fait, pour mettre d'accord la distribution des chevrons avec la longueur intérieure de l'édifice, il fallut réduire un peu la largeur des chevrons : on la réduisit exactement de 1 doigt ; de sorte que les cotes réelles furent fixées comme il suit :

> Chevrons .... 1 pied *moins un doigt*.
> Vides .... 5 palmes.

— Si pour les madriers horizontaux du toit, on fait la même comparaison des pleins aux vides, on trouve :

> Largeur d'un madrier........ 1/2 pied.
> Vide séparatif............. 4 doigts.

Rapport : 2 1.

Mais voilà, je crois, plus d'exemples qu'il n'en faut pour établir et la loi des rapports simples, et la méthode de correction que les anciens

lui appliquent. Le tracé théorique de la façade se résume tout entier
dans le diagramme suivant :

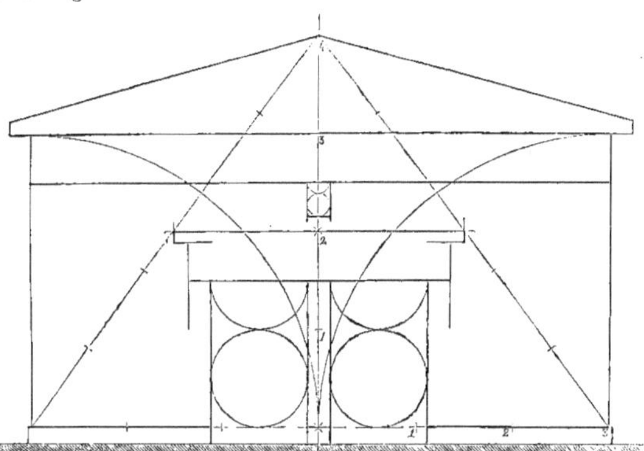

Et toutes les corrections donnant les dimensions réelles se réduisent
à substituer des cotes entières aux cotes fractionnaires que fournirait
le diagramme.

— Le principe des rapports simples est depuis longtemps connu
par le témoignage de Vitruve ; quant à la méthode des corrections
en chiffres entiers, nous en sommes redevables à M. Aurès, qui
l'établit par une analyse de monuments aussi pénétrante que parfois
délicate. Pour asseoir sa théorie, M. Aurès n'avait à sa disposition
que des monuments en ruine : il lui fallait faire la part des négli-
gences d'exécution, des erreurs de relevés, du vague enfin qui flotte
sur les mesures antiques : une série de conversions de mesures s'in-
terposait entre la pensée de l'architecte et l'explication de son œuvre.
Ici, tout intermédiaire disparaît, nous sommes directement en face du
plan que l'architecte a tracé : les cotes qu'il a voulues, il nous les

donne : la loi de proportion qu'il a conçue, nous la lisons dans ses chiffres eux-mêmes. L'idée de M. Aurès ne pouvait recevoir une confirmation plus décisive.

Pour tout résumer, la simplicité des rapports met l'harmonie dans l'ensemble, l'absence de cotes complexes facilite l'exécution et permet de la rendre plus précise. Rien ne satisfait mieux l'esprit que cette combinaison de cotes entières et de rapports simples : elle concilie les exigences esthétiques avec les convenances de l'exécution matérielle la plus irréprochable ; et l'on ne doit point s'étonner si l'on trouve dans les œuvres où elle fut suivie cette double perfection du travail et de la forme que nulle architecture ne possède à l'égal de l'art grec [1].

[1] L'exemple qui a fourni à M. Aurès l'application la plus complète de sa théorie des proportions est le temple de Paestum. *Étude des dimensions du grand Temple de Paestum au double point de vue de l'architecture et de la métrologie :* tout l'ensemble des méthodes que nous venons de résumer est développé dans ce remarquable mémoire.

M. Aurès établit que les anciens s'attachaient à rendre les dimensions exprimables soit par des nombres carrés, soit d'une manière plus générale, par les « puissances » des nombres.

Cette loi elle-même trouve à l'arsenal du Pirée sa vérification :

La hauteur du sommet de la façade, s'exprime par un nombre qui est un carré parfait : $36 = 6^2$;

La hauteur des murs latéraux est une troisième puissance : $27 = 3^3$;

La largeur de la porte, un carré parfait : $9 = 3^2$.

Enfin, M. Aurès insiste sur la préférence que les anciens attribuaient à de certains rapports, tels que celui de 3 à 4 : ils aimaient à trouver des contours où ils pussent inscrire le triangle rectangle dont les côtés sont entre eux comme les nombres 3 et 4, et dont l'hypoténuse commensurable avec les côtés est exprimée par le nombre 5. — Ici même ce triangle s'inscrit dans la demi-façade (voir le diagramme, page 37) : la hauteur, abstraction faite de la correction qui rend sa cote entière, est à la demi-largeur comme 4 est à 3.

Il y a, dans la préférence des anciens pour ces nombres ou pour ces rapports, la trace évidente de théories pythagoriciennes dont nous n'avons point à discuter la valeur, mais dont il est intéressant de constater l'influence.

Au reste, le procédé de mise en proportion fondé sur la simplicité des rapports n'était pas spécial à l'architecture : il régnait dans la statuaire, ainsi que l'établit le beau Mémoire de M. Eug. Guillaume sur le *Doryphore* (Ravet, *Monuments de l'art antique*, 3e livraison). Le concept s'étendait même aux œuvres de l'industrie qui semblent échapper le plus complètement aux influences esthétiques : M. V. Prou en a signalé l'application jusque dans le tracé des engins de guerre : La *Chirobaliste d'Héron d'Alexandrie* (*Notices et extr. des mss.*, tom. 26).

LISTE

DES MOTS TECHNIQUES DONT L'INSCRIPTION EXPLIQUE OU PRÉCISE LE SENS

Les mots marqués du signe * manquent au Thesaurus de H. Estienne (Ed. Didot.)

LÉGENDE EXPLICATIVE DES PLANCHES

Dans les deux planches qui donnent la traduction graphique du devis, les cotes sont exprimées en :

Pieds grecs (,)
Quarts de pied ou palmes (..)
Quarts de palme ou doigts (...)
(Le pied grec vaut approximativement 0^m,308.)

La moitié de droite de chaque figure contient EXCLUSIVEMENT *les cotes énoncées au devis* : toute cote qui résulte d'un calcul, si simple soit-il, est inscrite sur la moitié de gauche du dessin.

PLANCHE I

Fig. 1. — Plan d'ensemble de l'arsenal : échelle $\frac{1}{1.000}$.

Fig. 2. — Plan de détail : échelle $\frac{1}{200}$.

À droite on a représenté le plancher et sa charpente; à gauche, les tablettes et le mobilier de l'arsenal.

Fig. 3. — Coupe transversale : échelle $\frac{1}{100}$.

PLANCHE II

Fig. 1. — Élévation d'une des façades de l'édifice : échelle $\frac{1}{100}$.

Fig. 2. — Coupe longitudinale : échelle $\frac{1}{100}$.

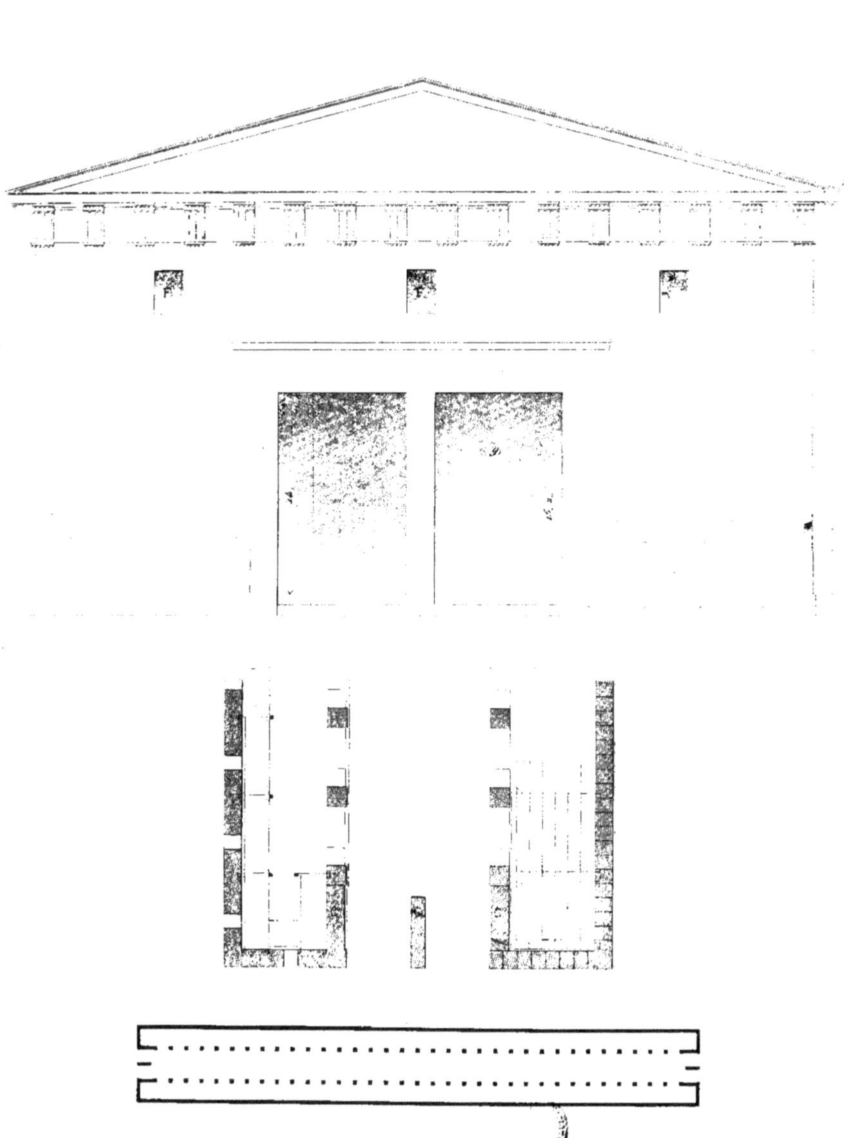

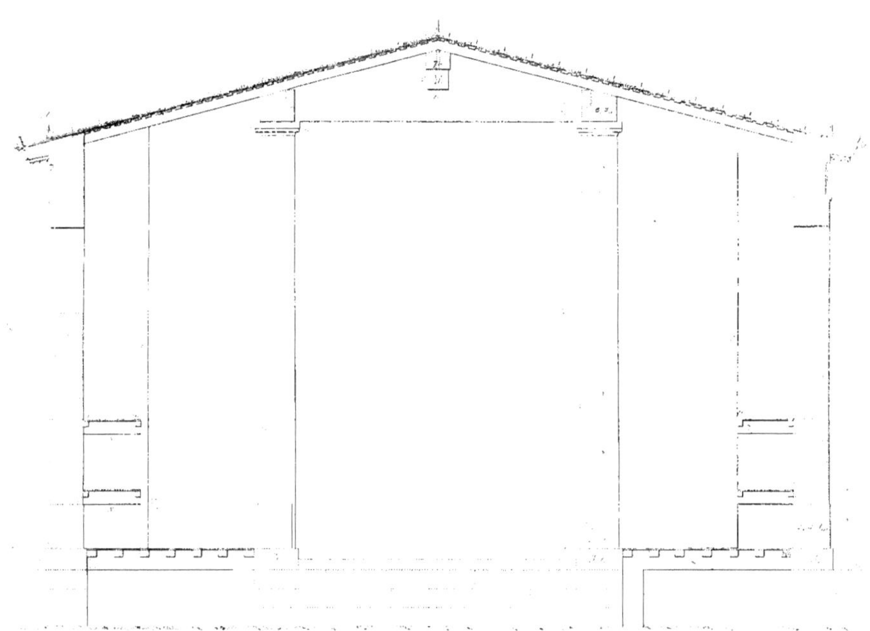

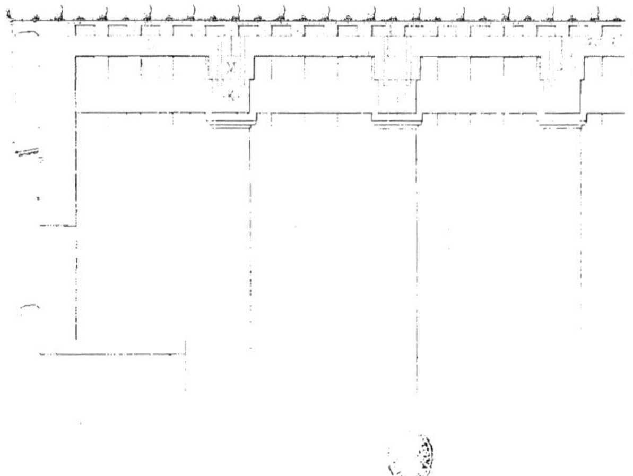

TABLE

—

PREMIÈRE PARTIE

Le devis de l'Arsenal.

DEUXIÈME PARTIE

Étude des dispositions techniques.

TROISIÈME PARTIE

Les proportions.

ANNEXES

PARIS. — IMP. DE LA SOC. ANON. DE PUBL. PÉRIOD. — P. MOUILLOT. — 36208.